Gerhard Bungert · Charly Lehnert

mit Zeichnungen von Werner Neumann

Mir sinn halt so

BASTA!

Mentalität und Lebensart

im Saarland

Lehnert Verlag

KLEINE SAARLAND-REIHE

1.- 3. Tausend: November 1987
4.- 5. Tausend: November 1987
6.- 7. Tausend: Dezember 1987
8.- 9. Tausend: November 1988
10.-11. Tausend: September 1989

Mir sinn halt so

© Lehnert Verlag
Altneugasse 16, 6600 Saarbrücken
Tel. (06 81) 5 51 55, Fax. 5 55 86

ISBN 3-926320-07-9

Printed in W.-Germany

Text:
Gerhard Bungert
Illustrationen:
Werner Neumann
Layout:
Charly und Claudia Lehnert
Druck:
braundruck, Riegelsberg

Aus dem Inhalt

Mir sinn halt so

Irgendwie klingt das nach einer Entschuldigung: „Wenn Ihr mit uns nicht zurechtkommt ... Nun, das liegt an uns. Und mit unseren Eigenarten müßt Ihr eben leben."

Sie müssen es wirklich, die „Hergeloffenen" und „Zugezogenen". Wenn sie das nicht schaffen, werden sie keine Freude an dem Saarland haben. Sie werden vieles nicht verstehen und sich selbst mit den einfachsten saarländischen Dingen nicht zurecht finden.

Vieles ist bei uns anders als in den Regionen jenseits von Saarhölzbach und Waldmohr. Manches ist genau so, klar! Aber die Unterschiede fallen einem ja vor allem ins Auge. Und darauf wollen wir in diesem Büchlein das Augenmerk richten.

„Mir sinn halt so" richtet sich aber nicht nur an Neu-Saarländer, um ihnen einen Art Grundkurs in saarländischer Mentalität zu vermitteln. Es soll auch uns selbst zeigen, wie und warum wir so sind und nicht anders.

Die Unterschiede zwischen dem Saarland und der übrigen Bundesrepublik merkt man meistens erst, wenn man mal längere Zeit

„außerhalb" lebt. Oder wenn man öfter Besuch aus dem „Reich"
bekommt. Eine weitere Möglichkeit: Man kramt in der eigenen
Familiengeschichte. Heraus kommen dann zahlreiche Anekdoten und Episoden, nüchterne Erkenntnisse und manchmal auch
Lebensweisheiten.

Einiges davon haben wir in diesem Buch zusammengefaßt – weniger entschuldigend, eher selbstbewußt. Der Unterschied machts –
oder, wie die Franzosen in einem anderen Zusammenhang sagen:

Vive la difference!

DIE SAARLÄNDISCHE TRACHT

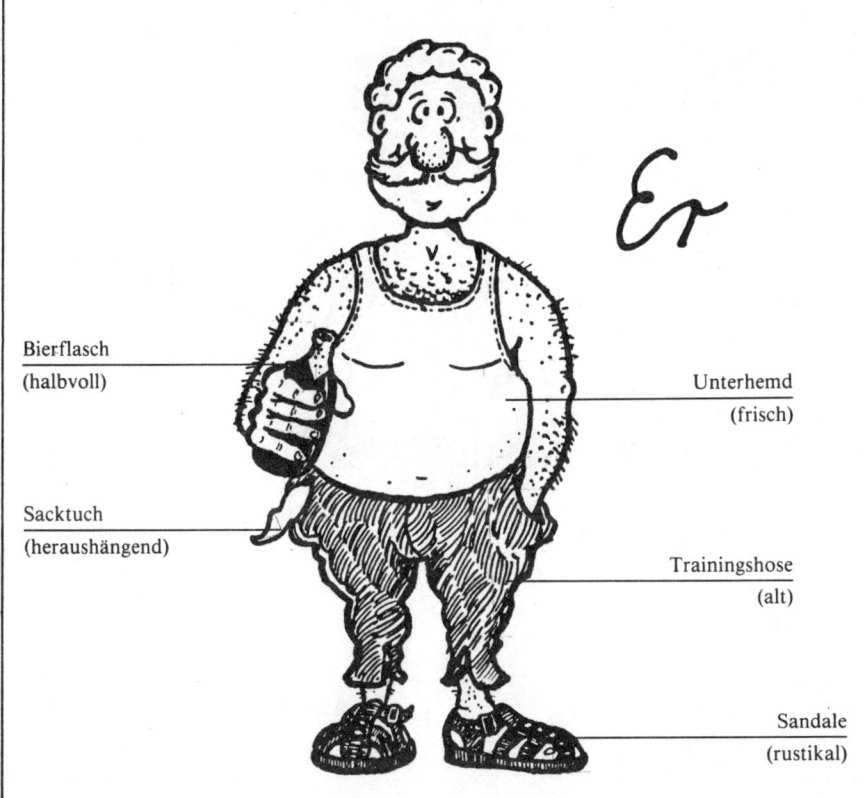

Er

Bierflasch
(halbvoll)

Unterhemd
(frisch)

Sacktuch
(heraushängend)

Trainingshose
(alt)

Sandale
(rustikal)

7

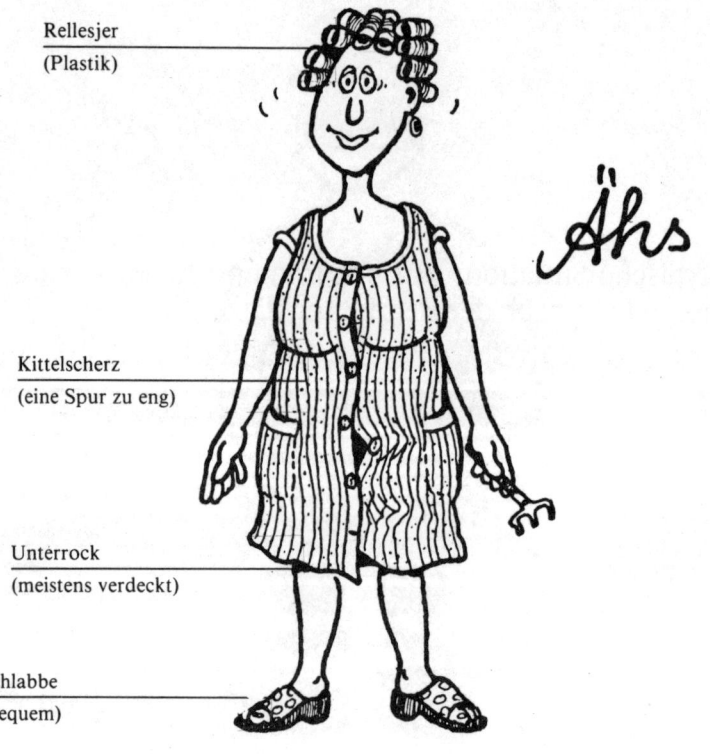

Rellesjer
(Plastik)

Kittelscherz
(eine Spur zu eng)

Unterrock
(meistens verdeckt)

Schlabbe
(bequem)

Ähs

Wenn wir Gäste von „außerhalb" haben

Eine typische Situation: Wir bekommen Besuch von außerhalb und hören kurz nach der Begrüßung Sätze wie: „Ich habe immer gedacht, das Saarland wäre so ein Art kleines Ruhrgebiet, Industrie und so . . . Aber wenn man hier rein kommt: Wälder, Wiesen . . . Echt schön hier bei Euch."

Wenn wir das hören, sind wir stolz. Wir zeigen es zwar nicht, aber innerlich wächst unser Lokalpatriotismus. Wir bedauern, daß so viele nichts über das Saarland wissen, rühmen uns unserer Prominenten (Nicole, Honnecker, Lafontaine und so) und verschweigen dabei, daß es im Saarland Regionen gibt, in denen es genau so aussieht, wie es sich unsere Gäste vorgestellt haben. Der Bliesgau, der Saargau, das Hunsrückvorland – damit brüsten wir uns, vergessen dabei aber die Gebiete, denen wir die Entstehung und Entwicklung unseres Ländchens zu verdanken haben.

9

Wenn isch änem vun auswärts Saarbrigge zei',
der is meischdens ganz scheen platt.
Aus der Schul kenne die unser Hidde un Gruwe,
awer nit de Wald um unser Schdadt.

Es Saarland is e Gärdsche mit em Schlot drin.
Die Mischung is selde, awer gudd.
Ohne Schlot säße mir wie die Wilde im Wald,
ohne Grienzeisch ging alles kaputt.

Jürgen Albers

Ein Blick zurück

Es war vor einem halben Jahrtausend. Irgendein Bauer in der Nähe von Neunkirchen stieß mit seinem Spaten auf einen schwarzen Stein. Wahrscheinlich fluchte er, denn er wußte ja nicht, daß er etwas entdeckt hatte, was man später einmal als „Schwarzes Gold" besingen sollte. Vielleicht legte er die schwarzen Steine auf einen Haufen, und als er später ein Holzfeuerchen anzündete, merkte er, daß diese Steine brannten. Sehr gut sogar. Sie brannten länger als Holz, und dann kam er auf den Gedanken, damit sein Haus zu heizen.

Ganz so neu war die Idee allerdings nicht. In anderen Regionen wußte man schon, daß nicht nur Holz und Holzkohle Wärmeenergie spenden können, aber im Gebiet des heutigen Saarlandes war diese Erkenntnis neu. Andere Bauern machten es ihm nach, und Mitte des 18. Jahrhunderts förderten bereits Dutzende von Bauern zwischen dem Warndt und dem Höcherberg im Nebenerwerb Kohle.

Ganz so einfach war diese Arbeit nicht. Sie mußten immer tiefer graben, ja richtige Stollen in den Berg treiben, und der Saarbrücker Fürst hatte nichts Besseres zu tun, als den Bauern ihre Gruben wegzunehmen. Er verstaatlichte sie, denn er brauchte mal wieder Geld.

Dabei ist es dann im wesentlichen auch geblieben. Die Saargruben waren, bis auf wenige Jahre, immer staatlich. Vielleicht erklärt sich dadurch auch der eher liberale Umgang der Saarbergleute mit dem Grubeneigentum.

Mein Opa
und das Eigentum

Keine fünfhundert Meter von unserem Haus entfernt lag das „Grumbeerstick" meines Opas. Dort pflanzte und erntete er nach seiner Pensionierung, dorthin fuhr er mit dem „Puddelwähnsche", und wenn es mal leckte, dann hielt er den Daumen drauf. Und wenn es regnete, stark regnete, zog er Hut und Mantel an und ging in sein „Stick", um ein altes saarländisches Brauchtum zu pflegen: Grenzsteine versetzen. Da er dies öfter tat, vergrößerte sich sein Stick Monat um Monat, und der Weg entlang seines Ackers sah sich bald veranlaßt, eine Haarnadelkurve zu bilden. Ein Grenzstein mitten auf dem Weg wäre dem landwirtschaftlichen Verkehr doch sehr hinderlich gewesen.

Die Gendarmerie fürchtete er genau so wenig wie den Schütz und den Grubenhüter. Angst hatte er keine, denn den großzügigen Umgang mit dem Eigentum hatte er unter Tage gelernt. Im Keller rief es in allen Ecken „Glückauf", denn er war – was Handwerkszeug betrifft – besser ausgerüstet als manche Heimwerkerabteilung der Saarbrücker Kaufhäuser. Daß man Werkzeug auch kaufen kann, das erfuhr ich erst viel später, als ich schon fast erwachsen war. Hämmer, Beißzangen und Nägel, Schippen, Hacken und Schießdraht, das war einfach immer da. Mehrfach sogar! Und niemand schimpfte mit mir, wenn ich mal was „weggeschafft" hatte. Das war nicht schlimm. Es gab ja genügend Ersatz.

Nach der Devise „Ma muß of de Grub efdersch was mitnemme, sonschd kommts weg" schien er sich an den Preußen zu rächen.

Mudderklitzjer

Um Feuer anzumachen, braucht man Kohlen und Brennholz. Die Kohlen erhielt der Bergmann fast kostenlos von der Grube. Sollte er sich da noch selber das Holz kaufen, wo es einem in der Grube nur den Weg durch den Streb versperrt? – Die Bergleute verneinten diese Frage. Schließlich gehörte das Grubenholz ja dem Bergfiskus und damit dem Staat. Und da der Staat bekanntlich „wir alle" sind . . . was lag also näher, als sich seinen Teil zu nehmen.

Allmählich bürgerte sich in der Umgangssprache sogar ein eigener Begriff für diese Eigentümlichkeit ein: „Mudderklitzjer" nannten die Bergleute liebevoll ihr reprivatisiertes Brennholz.

Der Peter beispielsweise hatte seine Familie jahrzehntelang mit „Mudderklitzjer" versorgt. Jetzt ist er in Pension. Sein Schwager aber ist Nicht-Bergmann, und der weiß es nun mal nicht besser. Denn eines Tages hält er dem Peter doch tatsächlich vor, daß der jahrzehntelang die Grube bestohlen habe. Der Peter versteht die Welt nicht mehr. Doch dann plagt ihn das Gewissen. Er setzt sich an den Küchentisch und rechnet mühsam aus, um wieviele Kubikmeter er die Grube bestohlen habe: „Ein Jahr – fünf Kubikmeter, 40 Jahre – 200 Kubikmeter."

Bei diesen Zahlen rinnen Peter die Schweißperlen auf die Stirn. Er glaubt sich bereits der Hitze des Fegefeuers ausgesetzt, und die soll ja noch größer sein als die auf der 7. Sohle. Mit dem Vorsatz, fürs erste einmal zehn Kubikmeter zu beichten – „man braucht ja nicht gleich mit der Tür ins Haus zu fallen" – mit diesem Vorsatz geht er zum Herrn Pastor in den Beichtstuhl: „Herr Paschdor, ich hann zehn Kubikmeter Holz geklaut". „Warum dieses?" fragt der Herr Pastor zurück. „Ich hanns äwe gebraucht, um de Herd ahnsemache", antwortet der Peter fast ohne Reue.

Da setzt der geistliche Herr zu einer Standpauke an: „Wie kannst du nur so etwas tun? Weißt du denn nicht, daß es eine Sünde ist? In der Bibel steht: ‚Du sollst nicht stehlen!' Hättest du dir denn nicht das Holz von der Grube mitbringen können, wie es die anderen Bergleute auch machen?"

Die Taubenzüchter

Sie schauten immer nach oben, zu dem Fahrsteiger, in die Wolken und nach den Tauben, denn die konnten wegfliegen, Haus und Schlag hinter sich lassend, und sie waren treu; sie kamen immer wieder zurück, auf dem schnellsten Weg, von der Provence in die Provinz, von Orleans in die Bergmannssiedlung; keine Urlauber, eher: Heimatvertriebene, Weggebrachte mit dem magnetischen Drang zur Heimat.

Anderswo ...

... beginnt im Saarland direkt hinter Saarhölzbach und kurz vor Waldmohr. Dort muß man auch mal hin, denn allzu heimelig kann sehr leicht unheimlich werden. Wer anderswo war, kommt sehr viel rum, kann einiges erzählen und richtigstellen. Er hat die Welt gesehen, darf weise nicken, wenn andere beschämt in ihr Bierglas schauen, und er darf die Stirn in Falten legen, wenn jemand behauptet, am schönsten sei es doch „dehemm".

Der Saarländer hat „Hemmweh". Das wissen wir alle. Wenn wir nicht bodenständig sind, verlieren wir den Boden unter den Füßen. Wir fliegen hoch – und mit uns die Pläne. Ab nach Ensheim. Und dann stellen wir irgendwann fest, daß es mehr als zwei Sorten Menschen gibt. Nicht nur Saarländer und andere. Wir differenzieren, sehen manches nach und vor, und dann erzählen und verzählen wir.

Mit uns kann ma baue

Wir Saarländer haben entweder gebaut, sind am bauen oder wir werden bald bauen. Wir bauen auf und an, ohne dabei abzubauen, und wenn sich jemand einmals anders, sprich: „unsaarländisch", verhält, dann heißt es über ihn und seine Familie: „Die hann noch net emol e Haus".

Das ist so ziemlich das Schlimmste, was man bei uns über einen Menschen sagen kann.

Wer ein Haus baut, hat es zu etwas gebracht. Er ist fleißig und lebt in geordneten Verhältnissen. Wer aber irgendwo „haust" oder „unnert", wer „hinnerin" wohnt oder unter dem „Dachjuchee", der ist unsolide, asozial oder ein Künstler.

Selbstverständlich ist das alles maßlos übertrieben, aber der Hausbesitz spielt im Saarland noch immer eine sehr große Rolle. Bei uns gibt es – im Verhältnis zur Bevölkerungszahl – die meisten Eigenheime, mehr sogar als in Baden-Württemberg.

Die Ursachen für diesen „Rekord" reichen zurück bis ins 19. Jahrhundert. Vor hundert Jahren hatten zwei Drittel der Bergleute ein eigenes Haus – im Ruhrgebiet lediglich 15 Prozent. Der Grund: Die Saargruben förderten den Bau von Eigenheimen mit verbilligten Darlehen, Prämien und sonstigen Vergünstigungen. Der Nachteil: Die Bergleute waren dadurch noch abhängiger von der

Grubenverwaltung. Jeder Streik hätte die Vergünstigungen gefährdet. Ein Wechsel des Arbeitsplatzes war so gut wie unmöglich. Und das machte sie erpreßbar. Eine der Folgen: Vor dem Ersten Weltkrieg verdienten die Bergleute an der Ruhr 50 Prozent mehr als ihre Kollegen an der Saar.

Beim Häuserbau konnten die Bergleute ihre berufliche Qualifikation voll entfalten. Wer unter Tage arbeitet, kann bekanntlich alles, aber nichts richtig. Spötter bezeichneten die Bergleute sehr oft als Universaldilletanten, eine Formulierung, die zwar originell ist, aber nicht die gesamte Qualifikation abdeckt. Bergleute bauen stabil. Und wie! Das lernen sie täglich unter Tage. Da kommt es nicht so sehr auf Schönheit an: „Es muß halle!" Es entstehen Anbauten von der Stabilität eines Westwallbunkers, Mauern, die kein Sprengkommando jemals niederreißen könnte, und Vorgärten werden so massiv betoniert, daß man darauf ganze Hochhäuser errichten könnte, ohne Probleme mit der Statik zu bekommen.

Ein typisch saarländisches Kompliment: „Es Hilde hat e ordentlicher unn fleißischer Mann. Sie hann gebaut. Er hat viel selbschd gemacht." Erleichtert wird diese Do-it-jourself-Mentalität durch die unfreiwilligen Materialspenden der saarländischen Montanindustrie (individuelle Reprivatisierung der Saargruben), durch diverse Tauschgeschäfte (Zement gegen Schwenkbratenständer) und durch eine ausgeprägte Nachbarschaftshilfe (gegen flüssiges Honorar).

Das Ergebnis ist eine architektonisch höchst interessante „Schachtelbauweise". Zuerst war das Haus noch ziemlich klein.

Dann wurde aufgestockt – für die Tochter. Danach angebaut – für den Sohn. Dann kam die Garage, darauf eine Terasse. Später überdachte man sie und schuf eine Querverbindung zum massiv gebauten Gartenhaus. Unentbehrliche optische Versatzstücke dabei: Glasbausteine und Eternit – zumindest an der Wetterseite.

Zahlreiche Dörfer im Saarkohlenwald sind durch solche hausähnlichen Gebilde geprägt. Sie demonstrieren anschaulich den Fleiß der Saarländer, ihre zu Stein gewordene Familientradition und den liberalen (sprich: „lockeren") Umgang mit Proportionen, Baumaterial und Farbe.

Der Saarbrücker Autor, Komponist und Sänger Georg Seitz hat in seinem Liebeslied „Du bischd die Fraa" diese saarländische Mentalität konsequent umgesetzt. Er verspricht seiner Angebeteten nicht etwa, ihr ein Schloß zu bauen. Das tun wir Saarländer nicht. Bei ihm heißt es:

Du bischd die Fraa,
fier die dääd ich was klaue,
ich kennt Dir
ganze Reihehceiser baue.

23

KUNST AM BAU

EIN ARCHITEKTONISCHES KURZDRAMA IN 3 AKTEN

MITWIRKENDE:

NACHBARSCHAFT

BAUMATERIAL

2. AKT   WÄHREND DER RENOVIERUNG

Die da oben

„Sie wechselten öfter als sonstwo. Mal kamen sie aus Frankreich, mal aus dem Reich (was soviel bedeutet wie: Deutschland ohne das Saarland). Das Chamäleon mied das Schottenmuster. Man <u>mußte</u> sich arrangieren, und man <u>wußte</u> sich zu arrangieren. Da war kein Platz für Hundertprozentige und Widerständler. Herr Keuner wurde zum Schwejk, das Rückgrat war nicht zu brechen, weil es entweder nicht vorhanden war oder weil es die Elastizität eines Glasfiberstabes hatte. Man wollte eben länger leben als die Gewalt, und viele schafften es sogar. Herausgekommen sind liebenswürdige Menschen, Opportunisten und Weise in einem. Die Prinzipientreue überlassen sie den Preußen, die Führungspositionen den „Hergeloffenen", und wenn dies nicht nötig oder möglich sein sollte, dann bilden sie ‚Seilschaften'. Alle (Saarländer) ziehen an einem Strang, sie sichern sich ab, und so schaffen sie Stück für Stück den Weg nach oben. Der Wind, der sie dabei umweht, ist weder kühl noch rauh. Vor allem aber ist er gut abgestimmt. Vom Osten bringt er den Wirtshauslärm der ‚Pälzer Krischer', vom rheinischen Norden die schräg-heiteren Töne der Fastnacht, und die

29

Luft, die aus Frankreich herüberweht, schmeckt nach ‚savoir vivre'. – Das Fähnchen in den Wind hängen? – Bei all diesen wechselnden Windrichtungen? – Unmöglich! – Also läßt man Fünfe gerade sein, denn es wird schließlich nichts so heiß gegessen, wie es gekocht wird, und zwischen den Zeilen der individuellen Verfassungen entdeckt man immer wieder den Satz: ‚Jeder Saarländer hat ein Recht auf Fehler'."

Mein Opa
und die Franzosen

Frankreich war für meinen Opa viel zu weit weg. Da konnte man nicht zu Fuß hingehen, und außerdem sprachen die Franzosen so komisch. Damit konnte er nichts anfangen.

Als sein Schwager während des zweiten Weltkrieges in Nancy stationiert war, drückte er sich konsequent um die Aussprache von Nancy, genau so wie er sich immer bemühte, das „Sie" als höfliche Anredeform zu vermeiden. „Nanzig" mochte er nicht. Das klang ihm zu preußisch, und „Nazi" wollte er auch nicht sagen, denn dieser Begriff war ja bereits besetzt. Und die Aussprache seiner Frau, die sich immer die Nase zuhielt, um den Nasal zu schaffen, die war

ihm zu albern. Also ließ er es sein und sprach von „driwwe", von „Lottringe", von „der anner Stadt, wo de Sepp un es Kättsche sinn".

Die Sprache tabuisierte, die Unterschiede in der Mentalität verunsicherten. Eine Annäherung war also nur möglich, wenn man Distanz schuf zu sich und seiner gewohnten Umgebung. Und das wiederum durfte nicht sein.

Später hat er sich einmal darum bemüht. Mir zum Gefallen. Denn ich kam damals gerade von einer Reise in die Provence zurück, mit dem Deutsch-Französischen Jugendwerk. Da wollte er mir einen Gefallen tun. Und weil er wußte, daß die Franzosen gerne Käse essen, lud er mich in seine „Wertschaft" ein, zu einer Käseplatte, zu einer kulinarischen Neuerung in seinem Erfahrungsbereich.

Um es kurz zu machen: Es gab ein Käsebrot à la Autobahnraststätte: Auf einem Teller eine mit Butter beschmierte Scheibe Mischbrot, darauf zwei rechteckige Käsescheiben mit harten, fast bräunlichen, hochstehenden Ecken. In der Mitte ein Indianerzelt aus drei Stixis, und darauf hingen schlaff zwei Zwiebelringe, „getunkt" in Paprika.

Einmal, in den zwanziger Jahren, war er sogar mal in Frankreich gewesen. Er hatte sich Geld zusammengespart, um seine zwei Schwestern zu besuchen. Eine lebte in Le Havre, die andere in Paris. Zu Fuß ging er „of Saabrigge", und von dort aus trat er seine Weltreise an. Und als er zurückkam, schüttelte er den Kopf. Nicht über den Erbfeind, denn für ihn waren die Franzosen „Mensche wie mir aach". Aber nur grundsätzlich, denn in ihrem Lebensstil unterschieden sie sich doch sehr.

Seine Schwester war zwar „gut verheiratet". Sie hatte eine „gute Partie" gemacht. Ihr Mann war Beamter, aber – und jetzt kommts: Sie lebten im „Dachjuchee", in Miete, aber sie gingen jeden Sonntag essen. In die „Wertschaft". Das konnte er nie begreifen. Und es war auch sein letzter Besuch gewesen. Von seiner anderen Schwester in Le Havre erzählte er überhaupt nichts. Er winkte nur ab. Da war für ihn ebenfalls „alles geschwätzt".

Bei meinem Vater war das schon anders. Er war im Frankreichfeldzug dabei, „unten bei Rheinheim", aber davon erzählt er nur selten. „Paris", das gefiel ihm. Das war Weißbrot, Wein und die Welt. Und auch noch nach dem Krieg ging er nach Frankreich angeln, bewunderte den leichteren Lebensstil, sagte „die mache's rischdisch", und einmal habe ich sogar erlebt, wie er sich eine ganze Stunde mir einem Franzosen unterhielt, obwohl mein Vater kein Wort Französisch spricht, und obwohl der Franzose kein Deutsch konnte. Er nahm ganz einfach seine Gitarre und sang ihm Lieder vor. Der Franzose sang mit – mit französischem Text: „Vor der Laterne". Das war seine Aussöhnung, musisch und praktisch, einfallsreich und sprachlos. Ihn hat der Klapperstorch – wie so viele Saarländer – zu weit im Norden abgesetzt.

Die saarländische Lösung

Wenn ein Saarländer mit einer Behörde konfrontiert wird, wenn er etwas will oder braucht, einen Stempel, ein Formular oder eine Genehmigung, dann setzt er alle Hebel in Bewegung. Vor allem, wenn es ums Bauen oder um seinen Verein geht. Darin unterscheidet er sich nicht wesentlich von den Bewohnern anderer Bundesländer – wenn man einmal davon absieht, daß bei uns das Bauen und die Vereine eine größere Rolle spielen. Das Ziel ist ähnlich, aber die Methode ist anders. Wir Saarländer mißtrauen dem korrekten Weg. „Do kann unserähner jo nix erreiche". Wir verlassen uns viel lieber auf unsere Beziehungen.

Angenommen, Rudi Backes will anbauen (Der Name ist selbstverständlich frei erfunden). Er braucht also eine Baugenehmigung. Was tut er? – Er schreibt nicht etwa das Bauamt an, sondern überlegt sich zuerst einmal, ob er irgendjemanden kennt, der in dieser Behörde sein Brot verdient. Wenn dies nicht der Fall ist – was selbst im Saarland vorkommen kann – dann fragt er einen Vereinskameraden: „Sah mol, ich will ahnbaue, unn do brauch ich e Genehmischung. Kenndschd du do ähner?"

Irgendjemand kennt immer einen, und der verspricht ihm, sich um die Angelegenheit zu kümmern: „Ei jo, ich hann do ähner an de Hand: de Franz. Denne muschd du doch aach kenne. Der hat johrelang näwe uns gewohnt. Der schaffd jetzt offem Bauamt. Der hat dort es Ganze. Mit dem kann ma schwätze. Näägschd Woch treff ich denne jo sowieso, unn dann duhn ich ne mol frohe. Das geht dann wie's Bierzappe".

Und der spricht ihn auch wirklich an: „Sah mol ... Du schaffschd doch of em Bauamt ... kenndschd Du net emol ... ich wollt net ,nee' sahn." Und bei der nächsten Vereinssitzung erzählt er dem Backes Rudi: „Die Sach, die gebbd gedeichselt". Man trinkt noch einen und freut sich, weil man der Bürokratie wieder einmal ein Schnippchen geschlagen hat.

Es sind drei Sätze, welche die „saarländische Lösung" ausmachen:

— „Kenndschd Du do ähner?"

— „Ich wollt net ,nee' sahn". Und

— „Die Sach, die gebbd gedeichselt".

Die ach so preußisch anmutende Bürokratie wird umgangen, selbst wenn dies nicht notwendig sein sollte. Aber man ist ja einge-bettet in Kameradschaften, Freundschaften und Beziehungen, in ein soziales Netz, und man kann in allen Situationen beruhigt sein, vorausgesetzt, „ma hat ähner an de Hand".

Einige Politiker sind fast immer präsent. Sie haben es nicht nötig, sich unters Volk zu mischen. Sie mischen sich vom Volk aus in die Politik. Dort mischen sie mit und trotzdem ist ihr schönster Platz noch immer an der Theke. Dies fördert die direkte Demokratie (»sah mol, jetzt, wo du im Landtaach sitzschd . . . kenntschd du net mei Dochder unnerschaffe?«).

DIE SAARLÄNDISCHE LÖSUNG

EIN BÜROKRATISCHES KURZDRAMA
IN 3 AKTEN

MITWIRKENDE:

NUR

Er

41

42

Anatomie eines
Heinz-Becker-Sketches

E scheener Gruß	Einen schönen Gruß

Ah, isch soll Ihne iwwerischens e scheener Gruß sahn – vom Karl, kenne se jo, Karl aus Spiese, jo.

Oh übrigens, ich soll Ihnen einen schönen Gruß ausrichten – von Karl aus Spiesen, den sie sicherlich kennen.

(Man fragt nicht, <u>ob</u> der Angesprochene ihn kennt, man behauptet es einfach: „Kenne se jo". Sollte sich die Zustimmung in Grenzen halten, wird besagter Mensch, in unserem Fall Karl, plastisch umschrieben)

Dem sei Vadder, wo Schreiner war.

Sein Vater war Schreiner.

(Die Berufsangabe bezieht sich nicht auf Karl selbst, sondern auf seinen Vater)

43

Es Spieser Karlche, sahn se zum.

Man nennt ihn auch „das Spieser Karlchen".

(Nicht der Familienname wird genannt, sondern jener Ausdruck, der gemeinhin geläufig ist)

Im Hinnerecke hat er jetzt gebaut.

Er ist Besitzer eines Eigenheimes im Hintereck, welches nach seinen Vorstellungen errichtet wurde.

Er hat viel selwer gemach, net. E scheenes Haus so.

Seine Eigenleistungen waren groß. Das Haus sieht schön aus.

(Wir wissen nun, daß er ein typischer Saarländer ist. Er besitzt die typisch saarländische Do-it-yourself-Mentalität und hat sie beim Bau des Eigenheimes realisiert. Das Ergebnis kann sich sehen lassen)

44

Misse se kenne. De Karl. Wie soll ich jetzt awwer sahn?	Sie müssen ihn, Karl, kennen. Oder kann ich ihn noch besser umschreiben? (frei übersetzt, wörtlich: Wie soll ich jetzt aber sagen?)

(Wichtig dabei der Gebrauch des Verbes „müssen". Man <u>muß</u> ihn kennen. Der Befehl ersetzt die Frageform und drückt somit plastisch die Penetranz des Kommunikationsprozesses aus. Der Satz „Wie soll ich jetzt awwer sahn?" ist ein typischer Bestandteil der Meta-Kommunikation. Der Sprecher reflektiert laut sein sprachliches und kommunikatives Unvermögen)

Sei Bub spielt bei de Borussia in der A-Juchend. Mondaachs steht er als in de Zeitung, wenn er e Door geschoß hat. Bis jetzt hat er zwar noch net drin gestann, awwer ... Ei nee, es is jo aach jetzt egal.	Sein Sohn ist aktiver Fußballer in der A-Jugend-Mannschaft von Borussia (Neunkirchen oder Spiesen?). Man findet bisweilen seinen Namen montags im Sportteil der Saarbrücker Zeitung (die Zeitung). Bis jetzt war dies zwar noch nicht der Fall, aber das spielt keine Rolle.

(Nach der Angabe von Vorname, Wohnort und Beruf des Vaters sowie dem Hinweis auf seine Bautätigkeit – nicht zu vergessen: Die Behauptung, daß man ihn kennen <u>muß</u> – folgt nun ein erneuter Anlauf über die sportlichen Aktivitäten seines Sohnes und deren publizistischen Auswirkungen, wobei kunstvoll mit der Realität jongliert wird)

De Karl ... Frieher hat er in Saabrigge geschaffd of de Regierung, ne, also net so direkt of de Regierung. Er hat dort de Parkplatz unner sich gehatt.

Früher war er bei der Regierung des Saarlandes als Parkplatzwächter beschäftigt.

(Merke: Der Saarländer arbeitet immer „auf" etwas: of de Grub, of de Hitt und of de Regierung. Mit seiner hierarchischen Einordnung hat das genau so wenig zu tun wie mit geographischen Gegebenheiten. Wer über Dinge oder Menschen bestimmt, hat sie „unner sich")

46

So groß wie ich. Loß ne mol e paar Zentimeter klääner sinn.

Er hat meine Größe. Vielleicht ist er aber doch einige Zentimeter kleiner.

(Ungefähre Angaben kann man im Saarländischen mit dem Verb „lassen" ausdrücken. Der Gesprächspartner muß es gewissermaßen ‚zulassen', daß die quantitativen Angaben nicht allzu genau sind)

Wie alt werd der sinn? So . . . E bißje jinger is er schon. Fuffzisch erum. Ich will jetzt net lieje. Awwer das is jo aach jetzt egal.

Er ist zirka fünfzig Jahre alt, eine Tatsache, die für unseren Zusammenhang nicht allzu bedeutend sein dürfte.

(Man fragt sich selbst — „Wie alt werd er sinn?" — denkt laut, macht eine ungefähre Angabe und stellt dann ihre Bedeutungslosigkeit heraus)

Hat e Glatz. Also net viel. Siehschd se schon, awwer . . .

Sein Haar ist bereits licht.

(Das Relativieren einer vorangegangenen Behauptung ersetzt die präzise Angabe)

**Er hat jetzt e nei Auto kaaft.
So e Japanisches Ding.
Wie hääße se? –
Pitsussimuschi odder so.**

Er besitzt ein neues, japanisches Auto der Marke Mitsubishi.

(Das falsch ausgesprochene Fremdwort braucht einen kommunikativ höchst interessanten Vorlauf, bei dem der Sprecher sich u. a. selbst die Frage nach der Marke stellt)

Sei Kusseng hat jetzt aach do bei uns in de Strooß gebaut.

Sein Cousin errichtete ebenfalls in unserer Straße ein Eigenheim.

(Nach Vater und Sohn folgt nun der Versuch, besagten Karl über einen etwa entfernteren Verwandten zu beschreiben)

Wenn er jetzt do erinn komme dääd, dann dääde ner sahn: Ach so, jo, de Karl.

Würde er jetzt eintreten, wüßten alle Anwesenden, um wen es sich handelt.

(Zum zweiten Mal wird unterstellt, daß die Gesprächspartner ihn kennen)

Nee, denne kenschde.

Nein, Sie kennen ihn.

(„Nein" heißt in diesem Zusammenhang „ja". Dann folgt die erneute Behauptung, daß man ihn kenne)

Do brauche mir uns garnet driwwer se unnerhalle.

Darüber zu reden lohnt sich nicht.

(Total sinnlose Feststellung im Rahmen des bisherigen sozialen Lärms)

Em Karl sei Fraa is aus Schiffweller. Frieher hann se do hinner de Wertschaft so e Danzsaal gehatt.

Karls Frau ist eine Schiffweiler Wirtstochter. Ihre Eltern verfügten auch über einen Tanzsaal.

Sei Bruder hat Trompet gespielt of de Hangard.

Karls Bruder war in dem Dorf Hangard Trompeter.

(Nun müssen Ehefrau und Musikalität des Bruders dazu herhalten, Karl zu umschreiben)

Kenne se.

Sie kennen ihn sicher.

(Erneute Behauptung, daß man ihn kenne.)

Bei de Alleh Hopp hat er immer im Elferrat gehuckt. De zwätte von links, wo immer die Haufe Flasche gestann hann.

Karl ist Karnevalist und betätigt sich bei dem Karnevalsverein Alleh Hopp als Mitglied des Elferrats. Als zweiter von links saß er an dem Elferratstisch, und die Vielzahl der vor ihm stehenden Flaschen fiel sofort ins Auge.

(Alles wird herangezogen, um ihn zu umschreiben. Selbstverständlich auch seine Freizeitaktivitäten)

**De Karl,
es Spieser Karlche.
Wie soll ich dann
awwer jetzt aach sahn.**

(Erneut lauter Denkprozeß)

**Also, wenn de jetzt
mit'm Bus däädschd no
Spiese fahre,
zwättlädschd Haltestell,
noch zweihunnert
Meter, stohschde mit de
Nas druff. Muschd
nadierlich vorher stehn
bleiwe.**

Ich weiß nicht, wie ich mich
noch ausdrücken soll, um Karl,
genannt ‚das Spieser Karlchen'
zu beschreiben.

Würden Sie mit dem Bus nach
Spiesen fahren und dort hinter
der zweitletzten Haltestelle
noch zweihundert Meter zu
Fuß gehen, stünden Sie vor
Karls Haus.

(Wegbeschreibung mit Warnung vor den möglichen Gefahren
beim Zusammentreffen mit Karls Eigenheim).

Wenn zwei Saarländer sich zum erstenmal begegnen, dann
heißt es bereits nach wenigen Minuten: »Ei, wo bisch du
dann her?« – Der Mit-Saarländer muß unbedingt lokalisiert
werden (am besten in einem Lokal), sonst wird er zu einem
Unsicherheitsfaktor.

„Ei jo nee . . ."

oder
Die Kunst, gleichzeitig Zustimmung und Ablehnung zu äußern

„Ja" oder „Nein" – eine „un-saarländischere" Alternative gibt es nicht. Bevor wir „Jo" oder „Nee" sagen, schleichen wir uns zuerst einmal verbal an diese mehr oder weniger klare Meinungsäußerung heran. Wir versuchen Zeit zu gewinnen, wie die Amerikaner mit ihrem „Well" und die Franzosen mit ihrem leicht gebrummten „Ä". Wir Saarländer sagen „Ei". Ein kindlicher Streichellaut, und dann erst heißt es „Jo" oder „Nee".

52

Dabei muß das „Ei jo" noch nicht einmal eine Zustimmung einlei-
ten und das „Ei nee" auch keine Ablehnung. Man kann durchaus
sagen „Ei jo, ich bin degeh" oder „Ei nee, do mach ich mit". Beides
ist austauschbar.

Es gibt in unserem regionalen Kommunikationsverhalten sogar
die Kombination von beidem, das „Ei jo - nee". Es genügt offen-
sichtlich nicht, mit dem Wörtchen „Ei" Zeit zu schinden - auch
wenn es nur ein oder zwei Sekunden sind - wir lassen es auch
offen, ob wir dagegen oder dafür sind, beziehungsweise: Wir sind
dagegen und dafür. Und das gleichzeitig.

Die Einteilung in „Ja-Sager" und „Nein-Sager" bei der Saarab-
stimmung 1955 kam von außen. Sie wurde uns aufgedrückt, von
irgendwoher, jenseits von Waldmohr und jenseits der Goldenen
Bremm. Das entsprach nicht der saarländischen Mentalität, auch
wenn es in der Bibel heißt, alles andere wäre von übel. Die Saarländer sind keine „Ja-" und keine „Nein-Sager", auch das Wörtchen
„Jein" mögen wir nicht. Wir sagen „Ei jo - nee", und erst dann
legen wir uns fest. Nicht unbedingt verbal, eher durch Taten oder -
noch häufiger - durch Unterlassungen.

So oder so

Wenn wir im Saarland von jemandem sagen „Mit dem kann ma schwätze", dann heißt das soviel wie: „Der ist unkompliziert, der kann schnell und unbürokratisch etwas für einen tun". In jedem Fall aber ist er kein sturer Bürokrat, sondern „ähner von uns". Er ist ein Saarländer, er läßt mit sich reden.

Wer aber zuviel Wind macht, uns von oben herab behandelt und sein Hochdeutsch zu toll zur Schau trägt, der kriegt es mit uns zu tun. Er prallt ständig gegen eine undurchsichtige Wand, er »steht im Rään«.

Mir wisse, was gudd is

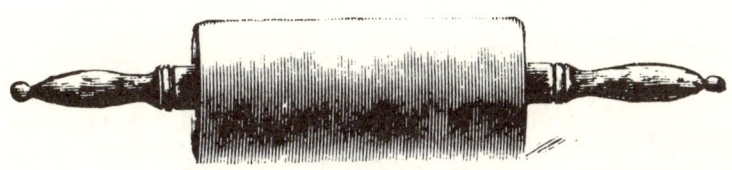

So lautete einmal der Werbeslogan einer saarländischen Firma, die „Ma'griene" (saarländisch für „wir bekommen ihn") herstellt. Mit diesem Spruch, der sehr schnell zum geflügelten Wort wurde, konnten und können sich sehr viele Saarländer identifizieren. Er drückt ein Qualitätsbewußtsein aus, das sich gegen fremde Einflüsse zur Wehr setzt. Nach dem Motto: „Wenns ums Esse geht, losse mir uns nix vorschreiwe." – Ob sich der Werbespruch auch auf nicht-kulinarische Bereiche übertragen läßt, erscheint allerdings mehr als fragwürdig. Schließlich gibt es noch eine andere saarländische Volksweisheit: „Die Hauptsach is, mir hann gudd gess."

Das Wörtchen „gudd" bezieht sich übrigens nicht nur auf die Qualität (was logisch wäre), sondern auch auf die Quantität (was saarländisch ist). Denn die Grenzlage zu Frankreich ermöglicht eine Besonderheit: Im Saarland überlappen sich französisches Qualitäts- und deutsches Quantitätsbewußtsein. Beides ist vorhanden. Wir essen nicht gut oder viel, sondern „gudd unn viel".

Um Zwölf werd gess

Samschdaachs middachs
esse mir
um zwölf.

Kommt der gnädische Herr
so mir nix dir nix
um fünf noh zwölf.

Hann ich gsahd:
„Freindsche,
das do
will ich nemmeh erläwe.
Du wääschd genau,
mir esse um zwölf.
Net um fünf vor zwölf
unn schon garnet
um fünf noh zwölf.
Um zwölf.“

Heinz Becker

Mir losse uns net lumpe

Wenn es im Saarland von jemandem heißt: „Er hat sich net lumpe geloss", dann bedeutet das soviel wie „Er war großzügig". „Lumpen" kann bei uns mehrere Bedeutungen haben. Zum einen ist der „Lumpe" ein „Lappen". Damit putzt man oder man wischt etwas auf. Die Mehrzahl, also „die Lumpe", kann auch benutzt werden, um Menschen zu charaktersieren, die nicht gerade eine kritische Einstellung zum Konsum alkoholischer Getränke haben. Schreibt man in dem Sätzchen „die lumpe" das Wort „lumpe" klein, dann heißt das soviel wie: „sie trinken viel". „Lumpe losse" hingegen gibt es nur in der verneinenden Form. Man kann also nicht sagen: „Sie hann sich lumpe geloss", sondern nur: „Sie hann sich net lumpe geloss".

Und das ist im Saarland sehr wichtig. Man muß großzügig sein, es muß genug da sein. Das gilt vor allem für Feste, aber auch bei privaten Einladungen. Da wird aufgefahren. Mit Salzstangen und einer Flasche süßen Weins ist es nicht getan. Man will sich ja schließlich nicht nachsagen lassen, man sei „knickisch".

LEBENSFREUDE

EIN KULINARISCHES KURZDRAMA IN 3 AKTEN

MITWIRKENDE:

Er

Ähs

63

Das Imbs

Damit bezeichnete man früher — und zum Teil auch noch heute — ein kulinarisch geprägtes Familienfest. Ein Wort, das sich übrigens von „Imbiss" ableitet. Beim „Leische-Imbs" wird dieser Begriff korrekt gebraucht. Da gibt es wirklich nur einen Imbiss — „Krimmelkuche", „Kranzkuche" aber auch schon mal Wurstbrote. Bei Festessen, etwa bei „runden Geburtstagen", bei Kindtaufen oder Hochzeiten, ist „Imbs" schlichtweg eine Untertreibung.

Das „klassische saarländische Imbs" beginnt mit einer Rindfleischsuppe – mit oder ohne Markklößchen. Im Fachjargon der Hausfrauen und Gäste wird noch hinzugefügt, daß sie „gut" ist. Man serviert also nicht nur „e Rindfleischsupp", sondern „e gudd Rindfleischsupp."

Danach gibt es, als Zwischengang sozusagen, das in der Suppe gekochte Rindfleisch mit Brot, Senf oder Meerrettich. Dabei wird auch zum erstenmal „ausgeschenkt". Wichtig: Wir schenken aus und nicht ein. Unsere Mundart identifiziert sich mit der (vollen) Flasche und nicht mit dem (leeren) Glas. Das passende Getränk: ein gut gekühltes, helles Bier.

Als Hauptgericht gibt es Schweine- oder Rinderbraten mit Soße, Knödel oder Kartoffeln, grünen Salat und Gemüse, meistens „Erbse un Gellerriewe" mit einer hellen Soße.

Als Nachtisch serviert man Eis.

Wenn es schmeckt und wenn genügend da ist, dann können die Gastgeber Komplimente „die Mass die Meng" ernten. Dann heißt es „Mir hann gudd gess" und noch später wird man überall anerkennend verbreiten: „Sie hann sich werklich net lumpe geloss."

Mein Opa

und das Feiern

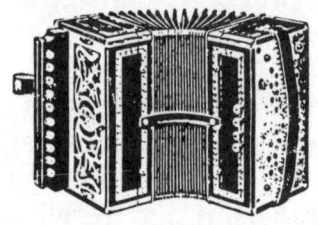

Bei uns dehemm wurde viel gelacht, erzählt und gefeiert.
Man pflegte etwas, was ich heute als typisch saarländischen
Humor bezeichne: Die Travestie. Nichts blieb auf dem Sockel.
Runter damit! Fiel einmal das Wort „Preußens Gloria", dann
sprach man sofort von Dosenmilch. Hitler war „der annere do
unne aus Österreich" und die Übereifrigen der HJ, das waren die
„Freckerte". Das Hehre, der Pathos, das Feierliche, das alles
wurde zerstört, und das sehr oft mit einer der schärfsten Waffen,
die es gibt: mit Humor. Selbst historische Ereignisse reduzierte
mein Opa auf Normalmaß, auf seine Welt. Als einmal das Wort
„Spartakus" fiel, erzählte er mir von seinem Schwager, der damals

auch dabei gewesen wäre. Sein einziger Kommentar: „Mit dem war nix los! Wenn der nur beim Plündere Sache mitgebrung hätt, mit denne ma hätt kenne ebbes ahnfange... Awwer nur Ondolier-schere, fuffzisch Stick."

Er kannte die Arbeit, und er wußte zu feiern – nach seinen Möglichkeiten, mit seiner Familie. Und immer wieder „Travestie". Wenn mein Vater auf dem Akkordeon „Lore, Lore, Lore" spielte und mein Opa eine Zugabe wollte, dann sagte er: „Spiel noch emol das Lied von de Gruwewähnscher." Dann holte er seinen selbstgemachten Rhabarber-Wein aus dem Keller, und eine Stunde später ging es hoch her.

Die Nachbarn beschwerten sich nie. Nur eine einzige Familie, eine aus dem Reich, nahm daran Anstoß. Sehr zögernd, sehr diplomatisch. Die Frau fragte am nächsten Tag meinen Großvater, was man denn gefeiert habe. Mein Opa zog die Hose über den Bauch, stellte sich in Positur und sagte: „Dienschdaach". Das war sein Programm! Er brauchte keinen Anlaß, um sich zu freuen. Er lebte, und das war für ihn Grund genug

Silvester rustikal

eine wahre Begebenheit *

Dem ledigen Bergmann Jakob Kipper, genannt ‚de Kipper Jäb', blieb einmal kurz vor der Jahreswende eine Ladung Dynamit am Hosenbein hängen. Als er zu Haus das Mißgeschick bemerkte, wollte er der Grube keine Schwierigkeiten bereiten, und er beschloß, das Dynamit bei der nächstbesten Gelegenheit zu „verschaffen".

Nun stand ja Silvester vor der Tür, und der Jäb hatte sich schon lange überlegt, wie er seiner Angebeteten, Mayersch Klärsche, einen „Guten Rutsch" wünschen könne. Am Silvesterabend faßte er sich ein Herz und brachte schließlich die Sprengladung an der Hausfront von Mayersch Haus an. Punkt zwölf zog er ab. Bauf, Zack, Rums . . . Die Vorderfront von Mayersch Haus war weg.

Innen saß die ganze Familie Mayer und staunte nicht schlecht. Der Jäb, nicht aufs Maul gefallen, lachte leicht säuerlich und sagte dann aber mit kräftiger Stimme: „Proschd Neijohr, Klärsche!"

---

*) Die Namen wurden von den Herausgebern aus Gründen des Datenschutzes verändert.

Rätschereie . . .

Es Stefanie is gudd drahn.
Es is jetzt verheirat
mit me Auearzt.
Donnerwetter!
Wer hätt das gedenkt,
daß es Stefanie mol
so e gudd Paddie mache dääd!
Ich menn, Aueärzt sinn
jo so ahnstännische Leit.
Unn spiele Cello.

... iwwer „bessere Leit"

Bei uns in de Klass, do war e Mäde,
das hat e Rechtsanwalt geheirat.
Stell dir das mol vor,
e Rechtsanwalt,
obwohl ähs aus ganz klääne
Verhältnisse komm is.
Em Kohlekaschde is es groß wor.
Unn dann e Rechtsanwalt.
Awwer später hann ich ne mol gesiehn,
de Rechtsanwalt. Er hat gehinkt.

Bergmannslos

Wie edel ist des Bergmanns Not?
Wie muß er schaffen für sein Brot!
Tief in der Teufe, in dem Schacht,
Da wird für ihn der Tag zur Nacht.
Doch fährt den Förderkorb er rauf,
Dann ruft er lustig sein „Glückauf".

Wie hoch ist doch des Bergmanns Lohn!
So wie der Vater, so der Sohn.
Es winken Freuden tief unter der Erd.
Das ist doch mehr als Mammon wert.
Und kriegt er ständig eins obendrauf,
Er ist zufrieden, er ruft „Glückauf".

Wie edel ist der Bergmannsstand!
Er schaffet für das Vaterland.
Wie schön ist seine Arbeitsplag!
Er werkt acht Stunden unter Tag.
Und kommt er einmal nicht mehr rauf,
Ruft er im Grabe selbst „Glückauf".

Wie edel ist das Bergmannsleder!
Er trägt's am Arsch. Das hat nicht jeder.
Wie hübsch ist seine Uniform.
Im Krieg, da kämpfet er enorm.
Schaut immer zu den Herrn hinauf,
Ruft selbst im Grabe noch „Glückauf".

So ist das im Saarland

„Eine schlecht kochende Ehefrau
gilt hier noch weitaus mehr
als anderswo als eine
wahre Strafe des Himmels."
Elisabeth Sossong

Wer (heute noch) vom Saarländer sagt, er sei mal so, mal anders, der sagt nicht die Wahrheit. Der Saarländer ist nie so und er ist nie anders, sondern er ist immer die Aussöhnung des So- und Anderssein gewesen. Der Saarländer ist ein harmonischer Mensch.

Ludwig Harig

Wenn die Saarländer etwas von ihrem westlichen Nachbarn mit Lust übernommen und sich zu eigen gemacht haben, dann ist es die Freude an Gaumengenüssen.

Peter Albert Bitz

Überhaupt sind die Leute an der Saar von einer behäbigen Freundlichkeit . . .
Sie ärgern sich ungern, distanzieren sich von jeder Hektik und reden jeder mit jedem . . . Selbst in Saarbrücken, Landeshauptstadt von sympathischer Provinzialität, hockt man bis in die Nacht hinein in Straßencafés, kleinen Innenhöfchen oder auch nur auf dem Brunnenrand von St. Johann.

Frankfurter Allgemeine Zeitung, 27. 1. 1979

Arbeitsamkeit und Familiensinn sind ein germanisches Erbe des Saarländers. Das hindert ihn nicht, bei jeder Gelegenheit endlos zu diskutieren, indem er mit seinen Freunden und Bekannten unzählige Bier und Schnaps kippt, besonders am Stammtisch . . .
Die Saarländer entfalten in dieser Hinsicht eine germanische Fähigkeit, die schwer zu überbieten ist.

Jacques Dircks-Dilly

Man spürte, wie die saarländische Lebensart, das Schwätze un Sprooche, es Esse un Drinke, es gud Esse un gud Drinke, wie die gud saarländisch Kisch, die Hoorische un de Dippelabbes, aber auch die vielen guten französischen Lokale, es Läwe un es läwe losse, wie sich das alles zusammentat zu einem eigenen, unverwechselbaren saarländischen Stil, und fast, so meinte man manchmal, ließ es sich hier so gut leben wie nirgends sonstwo.

Manfred Römbell

Jo – so sin die Saabrigger halt:
Sie drääde sich die Zeewe,
Denoo wird orndlich druffgeknallt, –
Dann gehn se ääner heewe ...

Fritz Schneider

Wir gelangen über Saargemünd nach Saarbrücken, und diese kleine Residenz war ein lichter Punkt in einem so felsigen waldigen Lande. Die Stadt, klein und hügelig, aber durch den letzten Fürsten wohl ausgeziert, macht sogleich einen angenehmen Eindruck.

Johann Wolfgang von Goethe

Saarbrücken. Aus dem Namen eines Flusses und dem Mittel seiner Überquerung setzt sich dieses Wort zusammen. Daran ließe sich so manche Vermutung knüpfen. So vor allem die Bedeutung des Begriffes „Brücke", der hier am Kontaktpunkt zweier europäischer Völker größeres Gewicht zukommt.

Ernst Bingen

... dort im Saarland, wo Deutschland am ärmsten und frömmsten ist ...

Nachrichtenmagazin „Der Spiegel"

Wer das Saargebiet besucht, wird überrascht sein, daß selbst die Industriezentren von herrlichen Laubwäldern eingeschlossen sind und daß, besonders in den Muschelkalkgebieten des Saar- und Bliesgaues, die seltensten und schönsten Pflanzen blühen: Orchideen.

Von den 55 in Deutschland wachsenden Orchideenarten gedeihen 33 in den sonnigen Hochtriften des Saarlandes.

Paul Haffner

Die Saarländer sind oft flatterhaft gescholten worden, wo sie jahrhundertelang oft nur gefleddert wurden. Aber dabei sind ihnen Fanatismus, Verbissenheit und Verbohrtheit gleich mit abhanden gekommen.

Roland Stigulinszky

Der Rheinfranke im Strahlungsbereich der Landeshauptstadt ist schneller, seine Sprache lebhafter, sein Wortschatz umfangreicher.

Wilhelm Heinrich Recktenwald

Ein Fluggast in Ensheim bei der Ankunft aus Mallorca

82

83

In der KLEINEN SAARLAND-REIHE sind erschienen:

Gerhard Bungert · Charly Lehnert
mit Zeichnungen von Werner Neumann

Mir sinn halt so

Mentalität und Lebensart

im Saarland

Lehnert Verlag

Gerhard Bungert · Charly Lehnert
mit Zeichnungen von Werner Neumann

So schwätze mir

Redewendungen, Wortschatz und Grammatik

im Saarland

Lehnert Verlag

Gerhard Bungert · Charly Lehnert
mit Zeichnungen von Werner Neumann

HANN MIR GELACHT

Anekdoten, Episoden und Witze

im Saarland

Lehnert Verlag

Gerhard Bungert · Charly Lehnert
mit Zeichnungen von Werner Neumann

Hauptsach es schmeckt

Essen, Trinken und Feiern

im Saarland

Lehnert Verlag